LE

VÉRIFICATEUR

DES DATES

CALENDRIER PERPÉTUEL

CIVIL (Julien et Grégorien) et RELIGIEUX

A la portée de tous les âges et de toutes les intelligences

RESSUSCITANT

Tous les Almanachs passés, depuis Jésus-Christ;

FOURNISSANT

L'Almanach de l'année courante

ESCOMPTANT

Tous les Almanachs à venir, jusqu'à l'année 3000

PAR AIMÉ PARIS

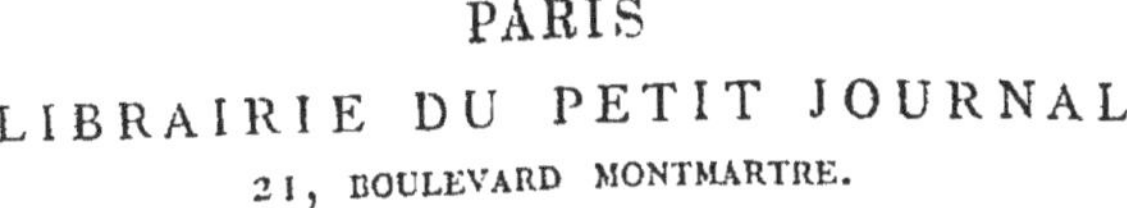

PARIS

LIBRAIRIE DU PETIT JOURNAL

21, BOULEVARD MONTMARTRE.

1866

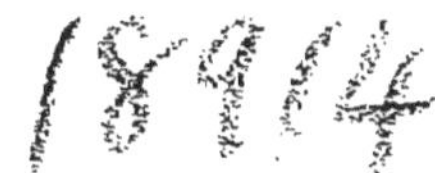

LE
VÉRIFICATEUR
DES DATES
CALENDRIER PERPÉTUEL

CIVIL (Julien et Grégorien) et RELIGIEUX

A la portée de tous les âges et de toutes les intelligences

RESSUSCITANT

Tous les Almanachs passés, depuis Jésus-Christ;

FOURNISSANT

L'Almanach de l'année courante

ESCOMPTANT

Tous les Almanachs à venir, jusqu'à l'année 3000

PAR AIMÉ PARIS

PARIS

LIBRAIRIE DU PETIT JOURNAL

21, BOULEVARD MONTMARTRE.

—

1866

PARIS. — TYPOGRAPHIE ALCAN-LÉVY, BOULEVARD DE CLICHY, 62.

TABLE DES MATIÈRES

AVANT-PROPOS

—

Un *Calendrier perpétuel* est-il d'une *utilité générale?*

A cette demande, nous en opposerons d'autres. Les réponses qu'on ne peut manquer d'y faire ne laisseront aucun doute sur les nombreux avantages qu'un bon *Calendrier perpétuel* assure à chacun de ses possesseurs.

Nous demandons : *A-t-on raison d'acheter l'almanach de l'année courante?*

Tout le monde répondra : OUI, *par de nombreux motifs dont voici quelques-uns :*

Parce qu'il est utile de savoir si on doit se mettre en voyage le 12 juin, par exemple, plutôt qu'un autre jour, eu égard à ce que le 12 juin étant un dimanche, on utilisera un jour de chômage forcé pour conclure une affaire, signer ou résilier un bail, etc., etc.;

Parce qu'on peut déterminer, de la façon la plus commode pour ses intérêts, la date d'un paiement à faire ou à recevoir ;

Parce qu'en se souvenant que tel fait, sur lequel on est appelé à déposer devant la justice, s'est passé un dimanche, on ne risque pas de se tromper dans l'énonciation des *quantièmes*, en disant que le fait s'est passé le 10 ou le 12 du mois, tandis que le 11 est tombé *un dimanche*, etc., etc., etc.

Si chacun prenait le soin de faire une marque sur son almanach de l'année courante, *toutes les fois qu'il y a recours*, il serait étonné du nombre des services que cet indicateur lui a rendus depuis le 1er janvier jusqu'au 31 décembre.

On arriverait à un chiffre non moins considérable de déconvenues, si l'on prenait note exactement de toutes les circonstances où l'absence d'un indicateur aussi utile pour les années précédentes, ou pour celle qui va venir, empêché d'obtenir le renseignement dont on avait besoin.

Combien est grand le nombre des actes de toute espèce : *naissance, mariage, décès, baux, contrats de vente*, etc., etc., dont les *officiers de l'état civil*, les *curés*, les *magistrats*, les *hommes de loi*, les *négociants*, les *cultivateurs*, les *particuliers*, les *érudits*, etc., etc. (TOUT LE MONDE ENFIN), peuvent contrôler l'exactitude ou signaler les irrégularités, sans pénibles recherches et sans perte de temps, pourvu qu'il existe un VÉRIFICATEUR DES DATES répondant à toutes ces nécessités de la vie civile ou religieuse, et à beaucoup d'autres, dont on peut mesurer le nombre et l'importance, en consultant la *table des matières* qui précède cet *avant-propos*.

Eh bien! aujourd'hui, CE VÉRIFICATEUR EXISTE; le voici, publié dans un *format commode*, mis à *un prix qui ne peut effrayer personne*, conçu et exécuté de manière à *n'exiger aucun travail pénible* pour en comprendre l'emploi et en acquérir, *très promptement*, la pratique. Le voici enfin, *à la portée de tous les âges et de toutes les intelligences*.

Si *l'almanach d'une seule année* se vend à des millions d'exemplaires, pourquoi *l'almanach de toutes les années à la fois* ne recevrait-il pas un accueil favorable, de la part des populations intelligentes qui doivent en tirer un si grand profit?

L'auteur de ce *Calendrier perpétuel* a cru qu'il était important de multiplier les exemples pour bien faire comprendre l'usage des tables qui contiennent les éléments de solution.

Les diverses tables ont été construites de manière à offrir, TOUJOURS *côte à côte, la donnée du problème et l'élément de solution* qui correspond à cette donnée.

C'est un devoir pour l'auteur de témoigner ici sa reconnaissance à M. Alexis Azevedo, dont les conseils judicieux lui ont été si utiles pour accomplir sa tâche de manière à mettre la pratique des opérations et les recherches dans chaque table à la portée de toutes les intelligences.

Il croit avoir donné un nombre d'exemples plus que suffisant pour que tout le monde arrive à opérer sûrement et facilement.

Si, malgré cela, quelqu'un regrettait que les problèmes à résoudre ne fussent pas plus nombreux, il est facile d'en indiquer d'autres, en conseillant d'opérer sur les quatre-vingt-dix dates de la table E, page 14, et sur les cinq cent trente-deux de la table F, page 15. Comme il s'agit uniquement de *dates pascales*, dans ces deux tables, et que Pâques tombe TOUJOURS le *dimanche*, on aura, dans le résultat obtenu, le contrôle infaillible de la justesse de l'opération, qu'il faudra refaire, si le résultat de l'addition n'est pas un des nombres qui, dans la table D, correspondent à *dimanche*.

Aimé PARIS.

Paris, Août 1866.

RECHERCHE DU JOUR DE LA SEMAINE

CORRESPONDANT A UNE DATE DONNÉE

REMARQUE IMPORTANTE. — Les *deux derniers chiffres* d'une date désignent *l'année*, et celui ou ceux qui précèdent indiquent le *siècle*. EXEMPLE : 749, siècle 7, année 49 (7-49) ; 1866, siècle 18, année 66 (18-66).

Nous séparerons, pour les écrire l'un au-dessus de l'autre, les chiffres du siècle et de l'année, comme il suit :

An 12-54 $\quad$ siècle 12 $\quad$ | 18-66 $\frac{18}{66}$ | 19-87 $\frac{19}{87}$ | 23-40 $\frac{23}{40}$
année 54

An 5-09 $\quad$ siècle 5 $\quad$ | 3-01 $\frac{3}{01}$ | 8-49 $\frac{8}{49}$ | 9-78 $\frac{9}{78}$
année 09

An -47 $\quad$ siècle 0 $\quad$ | -69 $\frac{0}{69}$ | -97 $\frac{0}{97}$ | en remplaçant par *zéro* l'indication du siècle, sous-entendue dans les énoncés 47, 69, 97.
année 47

An -2 $\quad$ siècle 0 $\quad$ | -4 $\frac{0}{04}$ | -8 $\frac{0}{08}$ | en remplaçant par *zéro* l'indication du siècle, sous-entendue, et en faisant précéder de *zéro* le chiffre
année 02

unique de l'année qui, pour toutes nos recherches, devra être considéré comme écrit avec *DEUX chiffres*.

RÈGLE GÉNÉRALE POUR TROUVER LE JOUR DE LA SEMAINE.— Ajoutez au *nombre du quantième*, *nombre* donné par la question même :

1° Le *gros chiffre* écrit, dans la Table **A**, *à côté et à droite du nom du mois*, donné par la question ;

2° Le *gros chiffre* écrit, dans la Table **B**, *à côté et à droite du petit chiffre du siècle*, donné par la question ;

3° Le *gros chiffre* écrit, dans la Table **C**, *à côté et à droite du petit chiffre de l'année*, donné par la question ;

4° En outre, MAIS SEULEMENT *quand*, l'année étant bissextile (marquée Bx dans la Table **C**), *le mois donné par la question est un des dix derniers*, savoir : *mars, avril, mai*, etc, jusqu'à *décembre* : ajoutez **1** au total des quatre quantités données par le *quantième*, le *mois*, le *siècle* et l'*année*.

LE RÉSULTAT (le nom du *jour de la semaine correspondant à la date cherchée*) se trouve dans la Table **D**, *à côté du chiffre du total obtenu*.

Table A. — MOIS.

Janvier	0	Avril	6	Juillet	6	Octobre	0
Février	3	Mai	1	Août	2	Novembre	3
Mars	3	Juin	4	Septembre	5	Décembre	5

Table B. — SIÈCLES.

JULIENS :

0	6	6	0	11	2
1	5	7	6	12	1
2	4	8	5	13	0
3	3	9	4	14	6
4	2	10	3	15	5
5	1				

Jusqu'au 4 octobre 1582 (1). — Depuis le 15 octobre 1582 (1).

GRÉGORIENS :

15	2	20	1	25	6	30	4
16	1	21	6	26	4	31	2
17	6	22	4	27	2	32	1
18	4	23	2	28	1	33	6
19	2	24	1	29	6	34	4

Table C. — ANNÉES.

(BI signifie *bissextile*, où février a 29 jours, et où il faut ajouter 1, s'il s'agit d'un des *dix derniers mois* : mars, avril, etc.

01	6	11	4	21	3	31	1	41	0	51	5	61	4	71	2	81	1	91	6
02	0	12BI	5	22	4	32BI	2	42	1	52BI	6	62	5	72BI	3	82	2	92BI	0
03	1	13	0	23	5	33	4	43	2	53	1	63	6	73	5	83	3	93	2
04BI	2	14	1	24BI	6	34	5	44BI	3	54	2	64BI	0	74	6	84BI	4	94	3
05	4	15	2	25	1	35	6	45	5	55	3	65	2	75	0	85	6	95	4
06	5	16BI	3	26	2	36BI	0	46	6	56BI	4	66	3	76BI	1	86	0	96BI	5
07	6	17	5	27	3	37	2	47	0	57	6	67	4	77	3	87	1	97	0
08BI	0	18	6	28BI	4	38	3	48BI	1	58	0	68BI	5	78	4	88BI	2	98	1
09	2	19	0	29	6	39	4	49	3	59	1	69	0	79	5	89	4	99	2
10	3	20BI	1	30	0	40BI	5	50	4	60BI	2	70	1	80BI	6	90	5		

Pour l'année 00, qui est *bissextile*, dans les siècles : 0, 1, 2, 3, 4, 5, 6, 7, 8, 9, 10, 11, 12, 13, 14, 15, *juliens*, et dans les seuls siècles *grégoriens* : 16, 24, 28, 32, etc. (multiples de 4), le *gros chiffre* à ajouter, *pour les derniers mois*, est 1.

Pour l'année 00 (telle que 300, 1200, 1400), qui *n'est pas bissextile*, dans les siècles 17, 18, 19, 21, 22, 23, 25, 26, 27, 29, 30, 31, 33, 34, 35, etc. (qui ne sont pas multiples de 4), le *gros chiffre* à ajouter, *pour* CHACUN *des 12 mois*, est 5.

Table D. (2) — Résultat de l'Addition.

Total.	Jour.	Total.	Jour.	Total.	Jour.	Total.	Jour.	Total.	Jour.	Total.	Jour.	Total.	Jour.
1	lundi	8	lundi	15	lundi	22	lundi	29	lundi	36	lundi	43	lundi
2	mardi	9	mardi	16	mardi	23	mardi	30	mardi	37	mardi	44	mardi
3	mercredi	10	mercr.	17	mercr.	24	mercr.	31	mercr.	38	mercr.	45	mercr.
4	jeudi	11	jeudi	18	jeudi	25	jeudi	32	jeudi	39	jeudi	46	jeudi
5	vendredi	12	vend.	19	vend.	26	vend.	33	vend.	40	vend.	47	vend.
6	samedi	13	samedi	20	samedi	27	samedi	34	samedi	41	samedi	48	samedi
7	diman.	14	diman.	21	diman.	28	diman.	35	diman.	42	diman.	49	diman.
												50	lundi

Cette table montre le *jour de la semaine*, écrit *à côté et à droite* du total obtenu

____

(1) Pour les pays qui n'ont adopté le calendrier *grégorien* qu'après 1582, procéder, jusqu'à cette adoption, comme pour la Russie, qui conserve encore le calendrier *Julien*. (Voir, à la page suivante, l'explication des mots : *Julien* et *Grégorien*.)

(2) Les personnes qui ont la moindre habitude du calcul mental peuvent se dispenser de cher-

par l'addition du *nombre* du *quantième*, du *gros chiffre* du *mois*, du *gros chiffre* du *siècle*, du *gros chiffre* de l'année, et, s'il y a lieu, pour les *dix derniers* mois, année *bissextile*, du chiffre **1**.

EXPLICATION DES MOTS : SIÈCLES JULIENS ET SIÈCLES GRÉGORIENS.

Les seize siècles, de 0 à 15, pour la France, *et les suivants : 16, 17, 18,* POUR LA RUSSIE, *qui n'a pas encore adopté le calendrier qu'on suit en France et dans presque toute l'Europe,* sont appelés siècles *Juliens,* parce que le calendrier suivi est celui de *Jules* César.

POUR LA RUSSIE, il faut regarder les siècles 16, 17 et 18 comme diminués chacun du nombre 7, et interroger, dans la Table B : le siècle 9, au lieu du siècle 16; le siècle 10, au lieu du siècle 17, et le siècle 11, au lieu du siècle 18; en faisant attention que, dans le calendrier julien, les années 00 (1600, 1700 et 1800) sont *bissextiles,* ce qui n'a pas lieu, pour 1700 et 1800, dans le calendrier *grégorien,* ainsi nommé parce qu'il a été réformé par le pape Grégoire XIII.

PRINCIPALES DATES DE L'ADOPTION DU CALENDRIER GRÉGORIEN.

Angleterre, 17-52 (le 1er janvier julien est devenu le 1er janvier grégorien. On a retranché 11 jours en septembre, où le lendemain du 2 a été appelé le 14 au lieu du 3).

Danemark, 15-82, réformé en 1699, sur les corrections de Weigel.

France, 15-82 (le lendemain du 4 octobre julien, au lieu de compter le 5 octobre grégorien, on a compté le 15 octobre grégorien).

Hongrie, 15-87; — Pologne, 15-86; — Suède, 17-53, le 1er mars.

Pour les pays catholiques, la même date que pour la France.

Cantons Suisses. — Appenzel, 15-90; Berne, 17-01*; Fribourg, 15-83; Lucerne, 15-83; Saint-Gall (la ville de), 17-24; Schaffausen, 17-01*; Schwitz, 1583; Soleure, 17-01*; Unterwalden, 15-84; Uri, 15-83; Zurich, 17-01*.

(*) Le lendemain du 31 décembre 1700, julien, a été compté comme le 12 janvier 1701, grégorien.

Pour chacun des pays où l'adoption du calendrier grégorien s'est fait attendre plus ou moins longtemps, il faudra *procéder comme il vient d'être dit pour la Russie,* et demander, au siècle 9 son *gros chiffre* pour le siècle 16, et au siècle 10 son *gros chiffre* pour le siècle 17, en n'oubliant pas que toutes les années 00 sont *bissextiles* dans *tous les siècles* JULIENS, pendant la période antérieure à l'époque de l'adoption du calendrier grégorien.

cher le résultat de l'addition dans la Table D, si elles se disent que, les *multiples de* 7 (7, 14, 21, 28, 35, 42, 49) correspondant à DIMANCHE, il n'y a qu'à tenir compte de l'excédant du total obtenu (1, 2, 3, 4, 5, 6) sur le multiple de 7 *inférieur au total de l'addition,* l'EXCÉDANT 1 signifiant : *dimanche plus* 1 jour (LUNDI); l'excédant 3 signifiant : *dimanche plus* 3 jours (MERCREDI), et ainsi des autres excédants (2 : MARDI; 4 : JEUDI; 5 : VENDREDI; 6 : SAMEDI).

EXEMPLES DE LA MANIÈRE D'OPÉRER.

On veut savoir quel jour de la semaine ont eu lieu les événements mémorables qui suivent :

(A signifie : *Table des Mois;* B signifie : *Table des Siècles;* C signifie : *Table des Années;* D signifie : *Table des Résultats de l'Addition.*)

Prise de la Bastille.
14 juillet 17-89.

Quantième,		14
A	juillet	6
B	17	6
C	89	4
	Total,	30
D	Résultat,	*mardi.*

Massacre de la St-Barthélemy.
24 août 15-72.
(Avant la réformation.)

Quantième,		24
A	août	2
B	15	5
C	72	3
Bissextile et après février		1
	Total,	35
D	Résultat,	*dimanche.*

Rentrée de Napoléon Ier aux Tuileries, en revenant de l'Ile d'Elbe.
20 mars 18-15.

Quantième,		20
A	mars	3
B	18	4
C	15	2
	Total,	29
D	Résultat,	*lundi.*

Henri IV assassiné par Ravaillac.
14 mai 16-10.

Quantième,		14
A	mai	1
B	16	1
C	10	3
	Total,	19
D	Résultat,	*vendredi.*

Mort de Galilée.
8 janvier 16-42.

Quantième,		8
A	janvier	0
B	16	1
C	42	1
	Total,	10
D	Résultat,	*mercredi.*

Mort du cruel duc d'Albe.
12 janvier 15-08.

Quantième,		12
A	janvier	0
B	15	5
C	08	0
Bissextile mais av. mars		0
	Total,	17
D	Résultat,	*mercredi.*

Mort de Molière.
17 février 16-73.

Quantième,		17
A	février	3
B	16	1
C	73	5
	Total,	26
D	Résultat,	*vendredi.*

Saint Vallier reçoit sa grâce sur l'échafaud.
17 février 15-24.

Quantième,		17
A	février	3
B	15	5
C	24	6
Bissextile, mais av. mars		0
	Total,	31
D	Résultat,	*mercredi.*

L'empereur Pertinax assassiné par les prétoriens.
28 mars 1-93.

Quantième,		28
A	mars	3
B	1	5
C	93	2
	Total,	38
D	Résultat,	*mercredi.*

Premier usage de la poudre à canon, par les Génois contre les Vénitiens.
28 mars 13-80.

Quantième,		28
A	mars	3
B	13	0
C	80	6
Bissextile, après février		1
	Total,	38
D	Résultat,	*mercredi.*

Edit de Nantes.
13 avril 15-98.

Quantième,		13
A	avril	6
B	15	2
C	98	1
	Total,	22
D	Résultat,	*lundi.*

Charles VII rentre à Paris.
13 avril 14-36.

Quantième,		13
A	avril	6
B	14	6
C	36	0
Bissextile, après février		1
	Total,	26
D	Résultat,	*vendredi.*

Mort de l'empereur Constantin-le-Grand.
22 mai 3-37.

Quantième,		22
A	mai	1
B	3	3
C	37	2
	Total,	28
D	Résultat,	*dimanche.*

Commencement de la construction du palais des Tuileries.
31 mai 15-64.

Quantième,		31
A	mai	1
B	15	5
C	64	0
Bissextile, après février		1
	Total,	38
D	Résultat,	*mercredi.*

Chute de l'aéronaute Pilastre des Rosiers, près de Boulogne-sur-Mer.
15 juin 17-85.

Quantième,		15
A	juin	4
B	17	6
C	85	6
	Total,	31
D	Résultat,	*mercredi.*

Supplice des comtes d'Egmont et de Horn, à Bruxelles.
5 juin 15-68.

Quantième,		5
A	juin	4
B	15	5
C	68	5
Bissextile, après février		1
	Total,	20
D	Résultat,	*samedi.*

Pose de la première pierre de l'Hôtel-de-Ville de Paris.
13 juillet 15-33.

Quantième,		13
A	juillet	6
B	15	5
C	33	4
	Total,	28
D	Résultat,	*dimanche.*

Mort de Du Guesclin.
13 juillet 13-80.

Quantième,		13
A	juillet	0
B	13	6
C	80	1
Bissextile, après février		1
	Total,	26
D	Résultat,	*vendredi.*

Supplice d'Urbain Grandier.
18 août 16-34.

Quantième,		18
A	août	2
B	16	1
C	34	5
	Total,	26
D	Résultat, *vendredi.*	

Les frères de Witt (Jean et Corneille), massacrés à La Haye.
22 août 16-72.

Quantième,		22
A	août	2
B	16	1
C	72	3
Bissextile, après février		1
	Total,	29
D	Résultat, *lundi.*	

Attila vaincu par Mérovée, à la bataille de Châlons.
20 septembre 4-51.

Quantième,		20
A	septembre	5
B	4	2
C	51	5
	Total,	32
D	Résultat, *jeudi.*	

Le roi Jean fait prisonnier, à la bataille de Poitiers.
19 septembre 13-56.

Quantième,		19
A	septembre	5
B	13	0
C	56	4
Bissextile, après février		1
	Total,	29
D	Résultat, *lundi.*	

Supplice de Phocas, empereur d'Orient.
5 octobre 6-10.

Quantième,		5
A	octobre	0
B	6	0
C	10	3
	Total,	8
D	Résultat, *lundi.*	

Mort de Pierre Corneille.
1er octobre 16-84.

Quantième,		1
A	octobre	0
B	16	1
C	84	4
Bissextile, après février		1
	Total,	7
D	Résultat, *dimanche.*	

Mort de Gluck.
15 novembre 17-87.

Quantième,		15
A	novembre	3
B	17	6
C	87	1
	Total,	25
D	Résultat, *jeudi.*	

Mort du comte de Dunois.
28 novembre 14-68.

Quantième,		28
A	novembre	3
B	14	6
C	68	5
Bissextile, après février		1
	Total,	43
D	Résultat, *lundi.*	

Mort de Mozart.
5 décembre 17-94.

Quantième,		5
A	décembre	5
B	17	6
C	94	3
	Total,	19
D	Résultat, *vendredi.*	

Baptême de Clovis.
25 décembre 4-96.

Quantième,		25
A	décembre	5
B	4	2
C	96	5
Bissextile, après février		1
	Total,	38
D	Résultat, *mercredi.*	

EXEMPLES D'ANNÉES SÉCULAIRES.

(Années 00).

Mort de saint Martin, évêque de Tours.
11 novembre 4-00.

Quantième,		11
A	novembre	3
B	4	2
C	00	4
Bissextile, après février		1
	Total,	21
D	Résultat, *dimanche.*	

Charlemagne proclamé empereur d'Occident.
25 décembre 8-00.

Quantième,		25
A	décembre	5
B	8	5
C	00	4
Bissextile, après février		1
	Total,	40
D	Résultat, *vendredi.*	

Mort d'Alfred-le-Grand, roi d'Angleterre.
25 octobre 9-00.

Quantième,		25
A	octobre	0
B	9	4
C	00	4
Bissextile, après février		1
	Total,	34
D	Résultat, *samedi.*	

Mort de Guillaume le Roux, roi d'Angleterre.
2 août 11-00.

Quantième,		2
A	août	2
B	11	2
C	00	4
Bissextile, après février		1
	Total,	11
D	Résultat, *jeudi.*	

Etablissement du Jubilé par le pape Boniface VIII.
2 février 13-00.

Quantième,		2
A	février	3
B	13	0
C	00	4
Bissextile, avant mars		0
	Total,	9
D	Résultat, *mardi.*	

L'empereur Wenceslas est déposé.
24 août 14-00.

Quantième,		24
A	août	2
B	14	6
C	00	4
Bissextile, après février		1
	Total,	37
D	Résultat, *mardi.*	

Naissance de Charles-Quint.
24 février 15-00.

Quantième,		24
A	février	3
B	15	5
C	00	4
Bissextile, avant mars		11
	Total,	36
D	Résultat, *lundi.*	

Charles XII quitte Stockholm, pour faire sa 1re campagne.
8 mai 17-00.

Quantième,		8
A	mai	1
B	17	6
C	00	5
Non bissextile		0
	Total,	20
D	Résultat, *samedi* (1).	

---

(1) Le calendrier grégorien n'ayant été adopté, en *Suède*, que le 1er mars 1753, et l'année 1700 ayant été bissextile, en *Suède*, la solution, *pour les Suédois*, est :

Quantième,		8
A	mai	1
B	17	3
C	00	4
Bissextile, après février		1
	Total,	17
D	Résultat, *mercredi.*	

Conférence de Duperron et de Duplessis-Mornay, à Fontainebleau.

4 mai 16-00.

Quantième,		4
A	mai	1
B	16	1
C	00	4
Bissextile, après février		1
	Total,	11
D	Résultat,	*jeudi.*

Mort de l'abbé de Rancé, fondateur de la Trappe.

26 octobre 17-00.

Quantième,		26
A	octobre	0
B	17	6
C	00	5
Non bissextile		0
	Total,	37
D	Résultat,	*mardi.*

Kléber est assassiné.

14 juin 18-00.

Quantième,		14
A	juin	4
B	18	4
C	00	5
Non bissextile		0
	Total,	27
D	Résultat,	*samedi.*

Explosion de la machine infernale.

24 décembre 18-00.

Quantième,		24
A	décembre	5
B	18	4
C	00	5
Non bissextile		0
	Total,	38
D	Résultat,	*mercredi.*

Naissance de Jean-Jacques Rousseau.

28 juin 17-12 (1).

Quantième,		28
A	juin	4
B	17	6
C	12	5
Bissextile, après février		1
	Total,	44
D	Résultat,	*mardi.*

J.-J. Rousseau lit à l'Académie des Sciences son projet concernant de nouveaux signes pour la musique.

22 août 17-42.

Quantième,		22
A	août	2
B	17	6
C	42	1
	Total,	31
D	Résultat,	*mercredi.*

Mort de J.-J. Rousseau.

2 juillet 17-78.

Quantième,		2
A	juillet	6
B	17	6
C	78	4
	Total,	18
D	Résultat,	*jeudi.*

Naissance de Pierre Galin, à Bordeaux.

16 décembre 17-86.

Quantième,		16
A	décembre,	5
B	17	6
C	86	0
	Total,	27
D	Résultat,	*samedi.*

Mort de P. Galin.

30 août 18-22.

Quantième.		30
A	août	2
B	18	4
C	22	4
	Total,	40
D	Résultat,	*vendredi.*

Naissance d'Emile Chevé.

1ᵉʳ juin 18-04.

Quantième,		1
A	juin	4
B	18	4
C	04	2
Bissextile, après février		1
	Total,	12
D	Résultat,	*vendredi.*

Emile Chevé et la Société chorale de l'Ecole Galin-Paris-Chevé, vainquent les difficultés du programme de concours, à la Salle Sainte-Cécile.

12 juin 18-53.

Quantième,		12
A	juin	4
B	18	4
C	53	1
	Total,	21
D	Résultat,	*dimanche.*

Première grande séance de l'Ecole Galin-Paris-Chevé au Cirque Napoléon.

1ᵉʳ novembre 18-60.

Quantième,		1
A	novembre	3
B	18	4
C	60	2
Bissextile, après février		1
	Total,	11
D	Résultat,	*jeudi.*

(1) Quiconque saura combien ont été longues et pénibles les luttes soutenues pour arriver au changement si désirable de la *notation musicale* POUR LA VOIX, et à la réforme de l'*enseignement de la musique*, trouvera très naturel que j'aie pris comme exemples de solutions plusieurs dates qui se rattachent à l'histoire de la *Méthode Galin-Paris-Chevé*, dont il doit m'être permis de dire ici quelques mots :

JEAN-JACQUES ROUSSEAU a proclamé le principe fécond de la réduction des faits musicaux à deux types : le mode *majeur* et le mode *mineur*.

PIERRE GALIN a enchaîné, dans un ordre rigoureusement logique, les vérités de la *didactique musicale*. Il a modifié très heureusement l'écriture chiffrée de J.-J. Rousseau, et substitué son admirable *Chronomériste* aux signes si défectueux de son illustre devancier, quant à la *division du temps*.

Mᵐᵉ EMILE CHEVÉ (née NANINE PARIS), a créé les *Exercices pratiques*, que Galin n'a pu écrire, comme il avait le projet de le faire. C'est une œuvre magnifique.

EMILE CHEVÉ, indépendamment de la vigueur surhumaine avec laquelle il a propagé la Méthode et soutenu, pendant près de trente ans, une lutte héroïque, dans l'intérêt des déshérités, a répandu la lumière sur une foule de questions mal expliquées avant lui ; il a fait faire des pas immenses à l'enseignement musical.

Enfin, l'AUTEUR DE CE VÉRIFICATEUR DES DATES, après avoir été honoré de l'amitié de Galin, son maître, n'a pas inutilement travaillé au développement d'une grande idée qui, pour le bien de tous, triomphera infailliblement des résistances inintelligentes. Son contingent est considérable, si on ajoute à la *langue des durées*, dont il est l'inventeur, son *Œdipe musical* et les nombreux moyens, soit de simplification, soit d'analyse qu'il a imaginés.

L'œuvre collective de progrès est puissamment secondée par la *Réforme musicale*, SEUL journal OFFICIEL des doctrines de l'Ecole Galin-Paris-Chevé. (Rédacteur en chef : M. LOUIS ROGER, 3, rue du Dragon, à Paris.)

Expériences de lecture à première vue, d'écriture sous dictée, etc., faites devant le Comité de patronage, en présence de M. Hector Berlioz.
3 février 18-61.

Quantième,		3
A	février	3
B	18	4
C	61	4
	Total,	14
D	Résultat, *dimanche.*	

Mort d'Emile Chevé.
25 août 18-64.

Quantième,		25
A	août	2
B	18	4
C	64	0
Bissextile, après février		1
	Total,	32
D	Résultat, *jeudi.*	

Fondation de la Réforme musicale, SEUL journal OFFICIEL des doctrines de l'Ecole Galin-Paris-Chevé.
27 janvier 18-56.

Quantième,		27
A	janvier	0
B	18	4
C	56	4
Bissextile, avant mars		0
	Total,	35
D	Résultat, *dimanche.*	

Naissance de Mme Emile Chevé.
25 mai 18-00.

Quantième,		25
A	mai	1
B	18	4
C	00	5
Non bissextile		0
	Total,	35
D	Résultat, *dimanche.*	

M. le comte, depuis duc de Morny, organise, sous sa présidence, le Comité de patronage de la méthode Galin-Paris-Chevé. — 3 juillet 18-59.

Quantième,		3
A	juillet	6
B	18	4
C	59	1
	Total,	14
D	Résultat, *dimanche.*	

Mort de M. le duc de Morny, président du Comité de patronage de la méthode Galin-Paris-Chevé. — 10 mars 1865.

Quantième		10
A	mars	3
B	18	4
C	65	2
	Total,	19
D	Résultat, *vendredi.*	

PROBLÈMES A RÉSOUDRE

Trouver le jour de la semaine correspondant aux dates suivantes:

(Les solutions sont données plus loin, page 23, comme moyen de vérifier l'exactitude des résultats obtenus. La *lettre* de chaque problème (A, B, C, D, etc.) est répétée avant la solution de contrôle.

A. Mahomet III fait étrangler vingt de ses frères, 18 janvier 15-95.
B. Réconciliation de Louis XIV et du Grand-Condé, 19 janvier 16-60.
C. Institution de l'ordre de la Toison-d'Or, 10 février 14-30.
D. Mort de la dauphine, mère de Louis XV, 12 février 17-12.
E. Mort d'Isaac Newton, 20 mars 17-27.
F. Gustave III, roi de Suède, est assassiné dans un bal, 16 mars 17-92.
G. Mort de Jean Racine, 21 avril 16-99.
H. Mort de Necker, 9 avril 18-04.
I. Insurrection de Rienzi, 20 mai 13-47.
J. Siége de Rhodes par les Turcs, 23 mai 14-80.
K. Le czar Pierre-le-Grand fait condamner à mort son fils Alexis, 5 juin 17-18.
L. Mort de Mahomet, 8 juin 6-32.
M. Duel de Jarnac et de la Châtaigneraye, 10 juillet 15-47.
N. Stanislas Leckzinski, élu roi de Pologne, 12 juillet 17-04.
O. Le cardinal de Rohan est arrêté à Versailles, 15 août 17-85.
P. La Brie et la Champagne, unies à la couronne de France, 16 août 12-84.
Q. Mort du Dante, 14 septembre 13-21.
R. Mort de Michel de Montaigne, 13 septembre 15-92.
S. Mort de Réaumur, 17 octobre 17-57.
T. Christophe Colomb découvre le Nouveau-Monde, 12 octobre 14-92.
U. Fondation de l'hôtel des Invalides, 30 novembre 16-71.
V. Mort de l'impératrice Marie-Thérèse, 29 novembre 17-80.
X. Mort de Charles XII, 11 décembre 17-18.
Y. Richard-Cœur-de-Lion emprisonné par Léopold, duc d'Autriche, 20 décembre 11-92.
Z. Bataille de Nieuport, gagnée par Maurice de Nassau, 1er juin 16-00.
AA. Bataille de Narva, gagnée par Charles XII, contre Pierre-le-Grand, 28 octobre 17-00.
AB. Bataille de Marengo, 14 juin 18-00.

AC. Naissance de Napoléon Ier, 15 août 17-69.
AD. Victoire de Solférino, 24 juin 18-59.
AE. Bataille d'Aboukir, 25 juillet 17-99.
AF. Barneveldt décapité, 13 mai 16-19.
AG. Christine de Suède fait assassiner Monaldeschi, 10 novembre 16-57.
AH. Mort de Descartes, 11 février 16-50.
AI. Supplice d'Enguerrand de Marigny, 21 juillet 13-15.
AJ. Bataille de Fleurus, 26 juin 17-94.
AK. Le duc de Guise assassiné aux États de Blois, 23 décembre 15-88.
AL. Naissance de Henri IV, 13 décembre 15-53.
AM. Jeanne Darc, brûlée à Rouen, 30 mai 14-31.
AN. Supplice du comte de Lalli, 9 mai 17-66.
AO. Supplice de Mandrin, 26 mai 17-55.
AP. Fondations de l'Observatoire, posées le 21 juin 16-67.
AQ. Mort de Blaise Pascal, 19 août 16-62.
AR. Supplice de Ravaillac, 13 jours après l'assassinat de Henri IV, 27 mai 16-10.
AS. Supplice de Semblançay, 12 avril 15-27.
AT. Dernière représentation du *Tartuffe* de Molière, 5 août 16-67.
AU. Paix d'Utrecht, 11 avril 17-13.
AV. Vêpres siciliennes, 30 mars 12-82.
AX. Bataille de Wagram, 6 juillet 18-09.

Table E. — Table spéciale des Dates de Pâques

POUR CERTAINES ANNÉES DU CALENDRIER GRÉGORIEN, POSTÉRIEURES A 1589.

(A consulter, avant de rien chercher dans la Table F, celle du *Cycle pascal*.)

Si l'année, pour laquelle la fête de *Pâques* est demandée, se trouve dans cette Table E, Pâques tombera, dans cette année, le jour indiqué par le quantième et le mois inscrits dans la colonne qui suit immédiatement, *à droite*, l'année demandée.

(Dans les deux Tables E et F, la lettre *a* signifie : *avril* ; la lettre *m* signifie : *mars*.)

1590	22 a	1693	22 m	1795	5 a	1843	16 a	1910	27 m	1954	18 a
1592	29 m	1697	7 a	1802	18 a	1844	7 a	1913	23 m	1961	2 a
1598	22 m	1717	28 m	1805	14 a	1845	23 m	1914	12 a	1964	29 m
1602	7 a	1721	13 a	1812	29 m	1846	12 a	1917	8 a	1965	18 a
1609	19 a	1741	2 a	1815	26 m	1849	8 a	1920	4 a	1967	26 m
1622	27 m	1745	18 a	1816	14 a	1856	23 m	1923	1 a	1968	14 a
1626	12 a	1748	14 a	1818	22 m	1866	1 a	1924	20 a	1971	11 a
1628	23 a	1751	11 a	1819	11 a	1869	28 m	1927	17 a	1981	19 a
1646	1 a	1761	22 m	1822	7 a	1870	17 a	1934	1 a	1985	7 a
1647	21 a	1768	3 a	1825	3 a	1873	13 a	1937	28 m	1988	3 a
1650	17 a	1771	31 m	1829	19 a	1890	6 a	1940	21 m	1991	31 m
1653	13 a	1772	19 a	1836	3 a	1893	2 a	1941	13 a	1992	19 a
1666	25 a	1775	16 a	1839	31 m	1897	18 a	1944	9 a	1995	16 a
1673	2 a	1788	23 m	1840	19 a	1900	15 a	1947	6 a	1998	13 a
1677	18 a	1792	8 a	1842	27 m	1903	12 a	1948	28 m	2000	23 a

EXEMPLES de *solution directe* et de *renvoi à la Table* F, celle du *Cycle pascal* :

On veut savoir quel est le quantième de Pâques dans les années 1027, 1856, 1764.

1027 ne se trouve pas dans la Table E ; donc il faut recourir à la Table F.

1856 se trouve dans la Table E ; la *solution directe* est donc : 23 mars pour *Pâques* en 1856 ; et toute recherche dans la table F est inutile.

1764 ne se trouve pas dans la Table E ; donc il faut recourir à la Table F.

Table F.—Table générale des Dates de Pâques

(CYCLE PASCAL. — 532 ANS.)

Si l'année pour laquelle le jour de Pâques est cherché se trouve une des 532 de cette Table F, Pâques tombe, dans cette année, le jour indiqué par le quantième et le mois inscrits dans la colonne qui suit (immédiatement) à droite, l'année demandée.

Si l'année dont on veut préciser la date de Pâques est postérieure à l'année 532 (la dernière de cette Table F), voir, plus bas, la *manière d'obtenir la date de Pâques, après l'année 532, à l'aide du cycle pascal.*

001	27 m	061	29 m	121	21 a	181	16 a	241	18 a	301	13 a	361	8 a	421	3 a	481	5 a
002	16 a	062	11 a	122	13 a	182	8 a	242	3 a	302	5 a	362	31 m	422	26 m	482	25 a
003	8 a	063	3 a	123	29 m	183	31 m	243	26 m	303	18 a	363	20 a	423	15 a	483	10 a
004	23 m	064	22 a	124	17 a	184	19 a	244	14 a	304	9 a	364	4 a	424	6 a	484	1 a
005	12 a	065	14 a	125	9 a	185	4 a	245	30 m	305	1 a	365	27 m	425	19 a	485	21 a
006	4 a	066	30 m	126	25 m	186	27 m	246	19 a	306	14 a	366	16 a	426	11 a	486	6 a
007	24 a	067	19 a	127	14 a	187	16 a	247	11 a	307	6 a	367	1 a	427	3 a	487	29 m
008	8 a	068	10 a	128	5 a	188	31 m	248	26 m	308	28 m	368	20 a	428	22 a	488	17 a
009	31 m	069	26 m	129	28 m	189	20 a	249	15 a	309	17 a	369	12 a	429	7 a	489	2 a
010	20 a	070	15 a	130	10 a	190	12 a	250	7 a	310	2 a	370	28 m	430	30 m	490	25 m
011	5 a	071	7 a	131	2 a	191	28 m	251	23 m	311	22 a	371	17 a	431	19 a	491	14 a
012	27 m	072	22 m	132	21 a	192	16 a	252	11 a	312	13 a	372	8 a	432	3 a	492	5 a
013	16 a	073	11 a	133	6 a	193	8 a	253	3 a	313	29 m	373	31 m	433	26 m	493	18 a
014	8 a	074	3 a	134	29 m	194	24 m	254	23 a	314	18 a	374	13 a	434	15 a	494	10 a
015	24 m	075	23 a	135	18 a	195	13 a	255	8 a	315	10 a	375	5 a	435	31 m	495	26 m
016	12 a	076	7 a	136	9 a	196	4 a	256	30 m	316	25 m	376	27 m	436	19 a	496	14 a
017	4 a	077	30 m	137	25 m	197	24 a	257	19 a	317	14 a	377	16 a	437	11 a	497	6 a
018	24 a	078	19 a	138	14 a	198	9 a	258	11 a	318	6 a	378	1 a	438	27 m	498	29 m
019	9 a	079	4 a	139	6 a	199	1 a	259	27 m	319	22 m	379	21 a	439	16 a	499	11 a
020	31 m	080	26 m	140	25 a	200	20 a	260	15 a	320	10 a	380	12 a	440	7 a	500	2 a
021	20 a	081	15 a	141	10 a	201	5 a	261	7 a	321	2 a	381	28 m	441	23 m	501	22 a
022	5 a	082	31 m	142	2 a	202	28 m	262	23 m	322	22 a	382	17 a	442	12 a	502	14 a
023	28 m	083	20 a	143	22 a	203	17 a	263	12 a	323	7 a	383	9 a	443	4 a	503	31 m
024	16 a	084	11 a	144	6 a	204	8 a	264	3 a	324	29 m	384	24 m	444	23 a	504	18 a
025	1 a	085	3 a	145	29 m	205	24 m	265	23 a	325	18 a	385	13 a	445	8 a	505	10 a
026	21 a	086	16 a	146	18 a	206	13 a	266	8 a	326	3 a	386	5 a	446	31 m	506	26 m
027	13 a	087	8 a	147	3 a	207	5 a	267	31 m	327	26 m	387	25 a	447	20 a	507	15 a
028	28 m	088	30 m	148	25 m	208	24 a	268	19 a	328	14 a	388	9 a	448	11 a	508	6 a
029	17 a	089	19 a	149	14 a	209	9 a	269	4 a	329	6 a	389	1 a	449	27 m	509	22 m
030	9 a	090	4 a	150	30 m	210	1 a	270	27 m	330	19 a	390	21 a	450	16 a	510	11 a
031	25 m	091	27 m	151	19 a	211	14 a	271	16 a	331	11 a	391	6 a	451	8 a	511	3 a
032	13 a	092	15 a	152	10 a	212	5 a	272	31 m	332	2 a	392	28 m	452	23 m	512	22 a
033	5 a	093	31 m	153	26 m	213	28 m	273	20 a	333	22 a	393	17 a	453	12 a	513	7 a
034	28 m	094	20 a	154	15 a	214	17 a	274	12 a	334	7 a	394	2 a	454	4 a	514	30 m
035	10 a	095	12 a	155	7 a	215	2 a	275	28 m	335	30 m	395	25 m	455	24 a	515	19 a
036	1 a	096	27 m	156	29 m	216	21 a	276	16 a	336	18 a	396	13 a	456	8 a	516	3 a
037	21 a	097	16 a	157	11 a	217	13 a	277	8 a	337	3 a	397	5 a	457	31 m	517	26 m
038	6 a	098	8 a	158	3 a	218	29 m	278	31 m	338	26 m	398	18 a	458	20 a	518	15 a
039	29 m	099	24 m	159	23 a	219	18 a	279	13 a	339	15 a	399	10 a	459	5 a	519	31 m
040	17 a	100	12 a	160	14 a	220	9 a	280	4 a	340	30 m	400	1 a	460	13 a	520	19 a
041	9 a	101	4 a	161	30 m	221	25 m	281	27 m	341	19 a	401	14 a	461	16 a	521	11 a
042	25 m	102	24 a	162	19 a	222	14 a	282	16 a	342	11 a	402	6 a	462	1 a	522	3 a
043	14 a	103	9 a	163	11 a	223	6 a	283	1 a	343	27 m	403	29 m	463	21 a	523	16 a
044	5 a	104	31 m	164	26 m	224	28 m	284	20 a	344	15 a	404	17 a	464	12 a	524	7 a
045	25 a	105	20 a	165	15 a	225	10 a	285	12 a	345	7 a	405	2 a	465	28 m	525	30 m
046	10 a	106	5 a	166	7 a	226	2 a	286	28 m	346	23 m	406	22 a	466	17 a	526	19 a
047	2 a	107	28 m	167	23 m	227	22 a	287	17 a	347	12 a	407	14 a	467	9 a	527	4 a
048	21 a	108	16 a	168	11 a	228	6 a	288	8 a	348	3 a	408	29 m	468	31 m	528	26 m
049	6 a	109	8 a	169	3 a	229	29 m	289	24 m	349	23 a	409	18 a	469	13 a	529	15 a
050	29 m	110	24 m	170	23 a	230	18 a	290	13 a	350	8 a	410	10 a	470	5 a	530	31 m
051	18 a	111	13 a	171	8 a	231	3 a	291	5 a	351	31 m	411	26 m	471	28 m	531	20 a
052	2 a	112	4 a	172	30 m	232	25 m	292	24 a	352	19 a	412	14 a	472	16 a	532	11 a
053	25 m	113	24 a	173	19 a	233	14 a	293	9 a	353	11 a	413	6 a	473	1 a		
054	14 a	114	9 a	174	4 a	234	6 a	294	1 a	354	27 m	414	22 m	474	21 a		
055	30 m	115	1 a	175	27 m	235	19 a	295	21 a	355	16 a	415	11 a	475	6 a		
056	18 a	116	20 a	176	15 a	236	10 a	296	5 a	356	7 a	416	2 a	476	28 m		
057	10 a	117	5 a	177	31 m	237	2 a	297	28 m	357	23 m	417	22 a	477	17 a		
058	26 m	118	28 m	178	20 a	238	22 a	298	17 a	358	12 a	418	7 a	478	9 a		
059	15 a	119	17 a	179	12 a	239	7 a	299	2 a	359	4 a	419	30 m	479	25 m		
060	6 a	120	1 a	180	3 a	240	29 m	300	24 m	360	23 a	420	18 a	480	13 a		

EXEMPLES de *solutions directes* et de renvoi à la *Manière d'obtenir la date de Pâques, après l'année 532, à l'aide du cycle pascal* :

On veut savoir quel est le quantième de Pâques, dans les années : 29, 184, 369, 531, 867, 1385, 1648, 1799, 1841.

La table F contient les années suivantes :
- 29   Solution directe, pour Pâques : 17 avril.
- 184   Solution directe, pour Pâques : 19 avril.
- 369   Solution directe, pour Pâques : 12 avril.
- 531   Solution directe, pour Pâques : 20 avril.

Ni la table E ni la table F ne contiennent aucune des années suivantes :
- 867
- 1385
- 1648
- 1799
- 1841

Il faut recourir, pour chacune d'elles, à la *Manière d'obtenir la date de Pâques après 532, à l'aide du cycle pascal*, et procéder comme il est dit plus bas.

MANIÈRE D'OBTENIR LA DATE DE PÂQUES, APRÈS L'ANNÉE 532, *à l'aide du cycle pascal*, de la table F, qui la donne jusqu'en 532 :

PREMIER CAS : PÂQUES, SIÈCLES JULIENS, *depuis 532 jusqu'à l'adoption du calendrier grégorien* (France, 15 octobre 1582 ; Angleterre, 1er janvier 1752, etc. — Voir la note 2 de la table B).

RÈGLE GÉNÉRALE.—Retranchez de l'année qu'on ne trouve pas dans la table F, le plus fort des multiples de 532 qu'il sera possible d'en soustraire (1 fois 532, ou 2 fois 532, c'est-à-dire 1064, ou 3 fois 532, c'est-à-dire 1596), le reste sera l'année du *cycle pascal* de la table F qui donnera la date de Pâques demandée.

EXEMPLES.—On veut savoir quand est tombé le jour de Pâques dans les années suivantes : 687, 1435, 1719 (en Angleterre, où le calendrier grégorien n'a été adopté que le 1er janvier 1752).

De 687 on retranche 532 ; le reste, 155, se trouvant dans la table F, suivi de 7 *a*, donne, pour Pâques, en 687, le 7 avril, de même qu'en 155.

De 1436 on retranche 2 fois 532, ou 1064 ; le reste, 372, se trouvant dans la table F, suivi de 8 *a*, donne, pour Pâques, en 1436, le 8 avril, de même qu'en 372.

De 1719 on retranche 3 fois 532, ou 1596 ; le reste, 123, se trouvant dans la table F, suivi de 29 *m*, donne, pour Pâques, en 1719 (Angleterre), le 29 mars, de même qu'en 123.

DEUXIÈME CAS : PÂQUES, SIÈCLES GRÉGORIENS (voir la note de la table B), pour les années qui ne figurent pas dans celles de la table E, donnant des solutions directes.

RÈGLE GÉNÉRALE. — Depuis 1583 jusqu'à 1632, retranchez 1100 de l'année demandée ; depuis 1633 jusqu'à 1999, retranchez 1632 de l'année demandée ; le reste sera un des 532 nombres de la table F, indiquant, pour Pâques :

Ou bien une *solution directe*, pour les années supérieures à 1582, en même temps qu'inférieures à 1700 ;

Ou bien la nécessité d'augmenter la date de Pâques donnée par la table F :
De 1 jour, pour toute année supérieure à 1699, en même temps qu'inférieure à 1800 ;
De 2 jours, pour toute année supérieure à 1799, en même temps qu'inférieure à 1900 ;
De 3 jours, pour toute année supérieure à 1899, en même temps qu'inférieure à 2000.

EXEMPLES. — On veut connaître la date de Pâques, pour les années 1603, 1718, 1865, 1986, qui ne se trouvent pas dans la table E :
De 1603 on retranche 1100 ; il reste 503 qui, dans la table F, donne, pour Pâques, 30 mars, *solution directe*, à laquelle il n'y a rien à ajouter, 1603 étant supérieur à 1582 en même temps qu'inférieur à 1700.

De 1718 on retranche 1632 ; il reste 86, qui, dans la table F, donne, pour Pâques, 16 avril, date à laquelle il y a nécessité d'ajouter 1 jour, 1718 étant supérieur à 1699 et inférieur à 1800, ce qui donne pour résultat définitif : *Pâques en 1718, 17 avril* (au lieu de 16 avril).

De 1865 on retranche 1632 ; il reste 233, qui, dans la table F, donne, pour Pâques, 14 avril, date à laquelle il y a nécessité d'ajouter 2 jours, 1865 étant supérieur à 1799 et inférieur à 1900, ce qui donne pour résultat définitif : *Pâques en 1865, 16 avril* (au lieu de 14 avril).

De 1986 on retranche 1632 ; il reste 354, qui, dans la table F, donne, pour Pâques, 27 mars, date à laquelle il y a nécessité d'ajouter 3 jours, 1986 étant supérieur à 1899 et inférieur à 2000, ce qui donne pour résultat définitif : *Pâques en 1986, 30 mars* (au lieu de 27 mars).

Table G. — Table des Fêtes mobiles

PAR RAPPORT A CHACUNE DES 35 DATES POSSIBLES DE LA FÊTE DE PAQUES.

Observation. — Pour la *Septuagésime* et pour les *Cendres*, il faut distinguer si l'année est *bissextile* (de 366 jours), marquée BI dans la table C, celle des années, ou *commune* (de 365 jours) ne portant aucune indication à la suite du chiffre de l'année, dans cette même table C. — Il y aura à choisir, pour ces deux fêtes mobiles, entre la colonne de l'année *bissextile* et celle de l'année *commune*.

PAQUES	SEPTUAGÉSIME année bissext.	SEPTUAGÉSIME année comm.	CENDRES année bissext.	CENDRES année comm.	PASSION	RAMEAUX	ROGATIONS	ASCENSION	PENTECÔTE	TRINITÉ	FÊTE-DIEU
22 mars	19 janv	18 janv	5 févr	4 févr	8 mars	15 mars	27 avril	30 avril	10 mai	17 mai	21 mai
23 mars	20 janv	19 janv	6 févr	5 févr	9 mars	16 mars	28 avril	1 mai	11 mai	18 mai	22 mai
24 mars	21 janv	20 janv	7 févr	6 févr	10 mars	17 mars	29 avril	2 mai	12 mai	19 mai	23 mai
25 mars	22 janv	21 janv	8 févr	7 févr	11 mars	18 mars	30 avril	3 mai	13 mai	20 mai	24 mai
26 mars	23 janv	22 janv	9 févr	8 févr	12 mars	19 mars	1 mai	4 mai	14 mai	21 mai	25 mai
27 mars	24 janv	23 janv	10 févr	9 févr	13 mars	20 mars	2 mai	5 mai	15 mai	22 mai	26 mai
28 mars	25 janv	24 janv	11 févr	10 févr	14 mars	21 mars	3 mai	6 mai	16 mai	23 mai	27 mai
29 mars	26 janv	25 janv	12 févr	11 févr	15 mars	22 mars	4 mai	7 mai	17 mai	24 mai	28 mai
30 mars	27 janv	26 janv	13 févr	12 févr	16 mars	23 mars	5 mai	8 mai	18 mai	25 mai	29 mai
31 mars	28 janv	27 janv	14 févr	13 févr	17 mars	24 mars	6 mai	9 mai	19 mai	26 mai	30 mai
1 avril	29 janv	28 janv	15 févr	14 févr	18 mars	25 mars	7 mai	10 mai	20 mai	27 mai	31 mai
2 avril	30 janv	29 janv	16 févr	15 févr	19 mars	26 mars	8 mai	11 mai	21 mai	28 mai	1 juin
3 avril	31 janv	30 janv	17 févr	16 févr	20 mars	27 mars	9 mai	12 mai	22 mai	29 mai	2 juin
4 avril	1 févr	31 janv	18 févr	17 févr	21 mars	28 mars	10 mai	13 mai	23 mai	30 mai	3 juin
5 avril	2 févr	1 févr	19 févr	18 févr	22 mars	29 mars	11 mai	14 mai	24 mai	31 mai	4 juin
6 avril	3 févr	2 févr	20 févr	19 févr	23 mars	30 mars	12 mai	15 mai	25 mai	1 juin	5 juin
7 avril	4 févr	3 févr	21 févr	20 févr	24 mars	31 mars	13 mai	16 mai	26 mai	2 juin	6 juin
8 avril	5 févr	4 févr	22 févr	21 févr	25 mars	1 avril	14 mai	17 mai	27 mai	3 juin	7 juin
9 avril	6 févr	5 févr	23 févr	22 févr	26 mars	2 avril	15 mai	18 mai	28 mai	4 juin	8 juin
10 avril	7 févr	6 févr	24 févr	23 févr	27 mars	3 avril	16 mai	19 mai	29 mai	5 juin	9 juin
11 avril	8 févr	7 févr	25 févr	24 févr	28 mars	4 avril	17 mai	20 mai	30 mai	6 juin	10 juin
12 avril	9 févr	8 févr	26 févr	25 févr	29 mars	5 avril	18 mai	21 mai	31 mai	7 juin	11 juin
13 avril	10 févr	9 févr	27 févr	26 févr	30 mars	6 avril	19 mai	22 mai	1 juin	8 juin	12 juin
14 avril	11 févr	10 févr	28 févr	27 févr	31 mars	7 avril	20 mai	23 mai	2 juin	9 juin	13 juin
15 avril	12 févr	11 févr	29 févr	28 févr	1 avril	8 avril	21 mai	24 mai	3 juin	10 juin	14 juin
16 avril	13 févr	12 févr	1 mars	1 mars	2 avril	9 avril	22 mai	25 mai	4 juin	11 juin	15 juin
17 avril	14 févr	13 févr	2 mars	2 mars	3 avril	10 avril	23 mai	26 mai	5 juin	12 juin	16 juin
18 avril	15 févr	14 févr	3 mars	3 mars	4 avril	11 avril	24 mai	27 mai	6 juin	13 juin	17 juin
19 avril	16 févr	15 févr	4 mars	4 mars	5 avril	12 avril	25 mai	28 mai	7 juin	14 juin	18 juin
20 avril	17 févr	16 févr	5 mars	5 mars	6 avril	13 avril	26 mai	29 mai	8 juin	15 juin	19 juin
21 avril	18 févr	17 févr	6 mars	6 mars	7 avril	14 avril	27 mai	30 mai	9 juin	16 juin	20 juin
22 avril	19 févr	18 févr	7 mars	7 mars	8 avril	15 avril	28 mai	31 mai	10 juin	17 juin	21 juin
23 avril	20 févr	19 févr	8 mars	8 mars	9 avril	16 avril	29 mai	1 juin	11 juin	18 juin	22 juin
24 avril	21 févr	20 févr	9 mars	9 mars	10 avril	17 avril	30 mai	2 juin	12 juin	19 juin	23 juin
25 avril	22 févr	21 févr	10 mars	10 mars	11 avril	18 avril	31 mai	3 juin	13 juin	20 juin	24 juin

EXEMPLES DE LA MANIÈRE D'OPÉRER *dans la recherche des Fêtes mobile[s]* — On veut savoir quelles ont été les dates des Fêtes mobiles des années 181[5] et 1816.

La table E donnant, pour 1815 (année *commune*) : PÂQUES 26 mars, et, po[ur] 1816 (année *bissextile*) : PÂQUES 14 avril, on trouvera dans la table des fêt[es] mobiles (table G) :

	SEPT.	CENDR.	PASSION	RAM.	ROGAT.	ASCENS.	PENTEC	TRINITÉ	FÊTE-
Pour 1815 (année comm.)	22 janv	8 févr	12 mars	19 mars	4 mai	4 mai	14 mai	21 mai	25 m[ai]
Pour 1816 (année bissex.)	11 févr	28 févr	31 mars	7 avril	20 mai	23 mai	2 juin	9 juin	13 ju[in]

Table de concordance
des Calendriers Républicain et Grégorien.

	AN I. 1792-1793	AN II. 1793-1794	AN III. 1794-1795	AN IV. 1795-1796	AN V. 1796-1797	AN VI. 1797-1798	AN VII. 1798-1799	AN VIII. 1799-1800	AN IX. 1800-1801	AN X. 1801-1802	AN XI. 1802-1803	AN XII. 1803-1804	AN XIII. 1804-1805	AN XIV. 1805-
	1792	1793	1794	1795	1796	1797	1798	1799	1800	1801	1802	1803	1804	1805
1 Vendémiaire...	22 Septembre	22 S	22 S	23 S	22 S	22 S	22 S	23 S	23 S	23 S	23 S	24 S	23 S	23
1 Brumaire......	22 Octobre	22 O	22 O	23 O	22 O	22 O	22 O	23 O	23 O	23 O	23 O	24 O	23 O	23
1 Frimaire......	21 Novembre	21 N	21 N	22 N	21 N	21 N	21 N	22 N	22 N	22 N	22 N	23 N	22 N	22
1 Nivôse........	21 Décembre	21 D	21 D	22 D	21 D	21 D	21 D	22 D	22 D	22 D	22 D	23 D	22 D	22
	1793	1794	1795	1796	1797	1798	1799	1800	1801	1802	1803	1804	1805	
1 Pluviôse......	20 Janvier	20 J	20 J	21 J	20 J	20 J	20 J	21 J	21 J	21 J	21 J	22 J	21 J	
1 Ventôse.......	19 Février	19 F	19 F	20 F	19 F	19 F	19 F	20 F	20 F	20 F	20 F	21 F	20 F	
1 Germinal......	21 Mars	21 M	21 M	21 M	21 M	21 M	21 M	22 M	22 M	22 M	22 M	22 M	22 M	
1 Floréal.......	20 Avril	20 A	20 A	20 A	20 A	20 A	20 A	21 A	21 A	21 A	21 A	21 A	21 A	
1 Prairial......	20 Mai	20 M	20 M	20 M	20 M	20 M	20 M	21 M	21 M	21 M	21 M	21 M	21 M	
1 Messidor......	19 Juin	19 J	19 J	19 J	19 J	19 J	19 J	20 J	20 J	20 J	20 J	20 J	20 J	
1 Thermidor.....	19 Juillet	19 J	19 J	19 J	19 J	19 J	19 J	20 J	20 J	20 J	20 J	20 J	20 J	
1 Fructidor.....	18 Août	18 A	18 A	18 A	18 A	18 A	18 A	19 A	19 A	19 A	19 A	19 A	19 A	
5e jour complém..	21 septembre	21 S	21 S	21 S	21 S	21 S	21 S	22 S	22 S	22 S	22 S	22 S	22 S	
6e jour complém..	»	»	22 S	»	»	»	»	»	»	»	23 S	»	»	»

Chacun des 12 mois républicains avait uniformément 30 jours, ce qui faisai[t] un total de 360 jours.

Des jours complémentaires, au nombre de 5, pour les années *communes*, et d[e] 6, pour les années *bissextiles* (an III, XI, XV, XIX, XXIII, XXVII, etc.) venaien[t] après le 30 fructidor, pour compléter le nombre de 365 et de 366.

Il est très facile, quand on sait la concordance du 1er d'un mois *républicain*, avec le *quantième grégorien*, d'en déduire la concordance pour tout autre jour du mois républicain. *Exemple :*

1° Le 4 brumaire an II étant le 1er brumaire plus 3 jours, il suffira d'ajouter 3 jours au correspondant grégorien de ce 1er brumaire pour avoir la véritable concordance, le 22 octobre 1793 *plus 3 jours* étant nécessairement le 25 octobre 1793.

2° Le 25 prairial an X, étant le 1er prairial plus 24 jours, on ajoutera 24 jours au correspondant grégorien du 1er prairial an X, pour avoir la véritable concordance, le 21 mai 1802 *plus 24 jours* étant nécessairement le 45 mai 1802, c'est-à-dire, le 14 juin 1802, puisque le mois de mai n'a que 31 jours, auxquels il faut en ajouter 14, pour parfaire le nombre 45.

Il importe donc de faire attention au nombre exact des jours des mois grégoriens, pour tous les cas où il y a un *enjambement* analogue à celui qu'on vient de voir pour le 25 prairial an X. Voici cette liste, dont plusieurs personnes peuvent ne pas avoir retenu tous les énoncés :

Janvier a 31 jours ; — *Février* a 28 jours dans les années *communes*, et 29 dans les *bissextiles ;* — *Mars* a 31 jours ; — *Avril* a 30 jours ; — *Mai* a 31 jours ;

— *Juin* a 3o jours ; — *Juillet* a 31 jours ; — *Août* a 31 jours ; — *Septembre* a 3o jours ; — *Octobre* a 31 jours ; — *Novembre* a 3o jours ; — *Décembre* a 31 jours.

Le calendrier *républicain* ayant cessé d'être en vigueur le 11 nivôse an xiv (1er janvier 1806), la Table de Concordance a pu, sans inconvénient, ne pas aller au-delà de cette date. *La Concordance des Calendriers Républicain et Grégorien* (Paris et Lille, 1822, un volume in-18) est poussée jusqu'à l'an L (1842) inclusivement.

CURIEUX EXEMPLES
de l'utilité de notre Vérificateur des Dates.

L'Opinion Nationale, du 14 janvier 1862, contenait l'extrait suivant du journal anglais *le Star*, qui tendait à faire au samedi, quant aux souverains d'Angleterre, une réputation aussi mauvaise que celle dont le vendredi *jouit* en France et ailleurs :

« A l'époque de la Révolution, le trône a été déclaré vacant un samedi, le « 16 février 1688 ; Guillaume III est mort un samedi, le 8 mars 1702 ; la reine « Anne est morte le samedi 1er août 1714 ; Georges Ier est mort dans la nuit du « samedi 10 au dimanche 11 juin 1727 ; Georges II est mort le samedi 22 octobre « 1760 ; Georges III est mort le samedi 19 janvier 1820, et Georges IV, le sa- « medi 6 juin 1830. Les quatre Georges ont expiré un samedi. »

Voilà des énonciations bien précises. En l'absence des moyens de vérification donnés par les tables A, B, C, D ci-dessus, nombre de gens, comme dit le proverbe, *aimeraient mieux le croire que d'y aller voir*. Nos procédés nous permettant *d'y aller voir*, servons-nous-en pour contrôler l'exactitude historique du journal anglais. Nous trouvons les résultats qui suivent :

Le trône d'Angleterre déclaré vacant.

	16
Février	3
16	4
88	2
	25 jeudi.

Mort de Guillaume III.			*Mort de Georges II.*	
	8			22
Mars	3		Octobre	0
17	3		17	6
02	7		60	2
	21 dimanche.		BY	1
				31 mercredi.

Mort de la reine Anne.			*Mort de Georges III.*	
	1			19
Août	2		Janvier	0
17	3		18	4
14	1		20 BY	1
	7 dimanche.			24 mercredi.

Mort de Georges Ier.			*Mort de Georges IV.*	
	10			6
Juin	4		Juin	4
17	3		18	4
27	3		30	0
	20 samedi.			14 dimanche.

Nous voyons que, d'après le *Star* lui-même, *une fois sur sept* SEULEMENT, le samedi a été fatal aux monarques anglais, et encore faut-il pour cela que Georges Ier ait rendu le dernier soupir *avant minuit*, le 10 juin 1727; car, une minute après, il serait mort le *dimanche*, comme Guillaume III, la reine Anne et Georges IV, pour qui le jour du Seigneur, *le jour du repos*, si rigoureusement observé dans leur royaume, est devenu, si les dates du *Star* sont exactes, le *jour du repos*..... ÉTERNEL.

***

Le CINQ-MARS d'Alfred de Vigny n'est qu'un roman, et non un livre historique.

Ce livre portait les mots suivants, sur le titre : « *Précédé de réflexions sur la* VÉRITÉ *dans l'art...* (6e édition, 1838.—Paris, Ch. Gosselin.)

D'après cet énoncé : *la* VÉRITÉ *dans l'art*, on était autorisé à croire que l'auteur avait puisé à des sources purement historiques et que ses dates seraient des *vérités*. Ce fut donc plutôt pour glorifier sa conscience d'historien que pour éclaircir des doutes, qui ne s'étaient pas présentés à mon esprit, que j'appliquai à la vérification d'une date, donnée par lui, les procédés que j'avais consignés dans deux brochures, publiées en mai 1829, l'une à Caen (imprimerie de Chalopin); l'autre en novembre 1829, à Besançon (imprimerie de Ch. Deis), sous ce titre : *Application* (de la Mnémotechnie) *au Calendrier*.

Alfred de Vigny avait groupé avec soin les mauvais présages qui, pour les esprits superstitieux, devaient faire redouter un fâcheux effet au jeune d'Effiat (Cinq-Mars était fils du maréchal d'Effiat). On avait été TREIZE *à table* ; le cheval de Cinq-Mars avait *fait un faux pas* en sortant du château, comme Tibérius Gracchus le jour où il fut assassiné ; de plus, le départ avec lequel ces deux sinistres augures concordaient d'une manière si inquiétante, s'effectuait, selon Alfred de Vigny, VENDREDI TREIZE juin 1639, jour de saint Gervais et saint Protais, DEUX MARTYRS !!! A moins d'être un esprit très-fort, on devait trouver là matière à de sérieuses réflexions.

A l'aide d'opérations moins simples et moins expéditives que ma manière de procéder actuelle, je vérifiai la date du 13 juin 1639 et j'obtins le même résultat qu'au moyen de ce *Vérificateur des Dates*, publié en 1866, qui donne :

	Quantième,	13
A	juin	4
B	16	1
C	39	4
	Total,	22
D	Résultat,	lundi.

Dès ce moment, les *Réflexions* d'Alfred de Vigny, sur *la* VÉRITÉ *dans l'art*, ne furent plus, à mes yeux, qu'une séduisante amorce, pour faire mordre le candide lecteur à l'appât trompeur que lui offrait la fantaisie peu scrupuleuse du romancier. Je n'en lus pas avec moins d'intérêt les deux volumes de *Cinq-Mars* ; mais ce fut à peu près comme quand j'assiste à la représentation d'une tragédie à une place trop éloignée des acteurs pour pouvoir entendre des confidences intimes du genre de celles que mon vieil ami, Edouard Corbière, m'affirmait avoir été faites par un Agamemnon de la troupe du Hâvre, à sa légitime Clytemnestre, à qui, profitant de la touchante tirade d'Iphigénie :

Mon père,
Cessez de vous troubler ; vous n'êtes point trahi, etc.,

il adressait cette question d'une certaine importance pour son estomac : « *Dis donc, as-tu pensé à mettre des carottes dans le pot-au-feu ?*

Ajoutons que les deux saints martyrs, Gervais et Protais, ont leur fête le 19 juin et non le 13, ce qui rend encore moins acceptable la mise en scène d'Alfred de Vigny.

Une analogie de la fausse pleine lune des témoins menteurs.

On connaît l'histoire de ce pauvre diable qui allait être condamné à la potence, pour un meurtre qu'il n'avait pas commis, parce que deux de ses ennemis déclaraient l'avoir reconnu, *au clair de lune*, le soir, à l'heure et sur le théâtre du crime. Un des jurés eut l'idée de demander un almanach. La date était incontestable ; mais le calendrier indiquait, pour ce jour-là, une *nouvelle lune*. Grâce à cette vérification inattendue, l'innocent fut absous et les deux coquins le remplacèrent à la potence où ils espéraient le voir figurer.

Eh bien ! que, dans un futur procès criminel, deux ou trois bandits s'entendent pour déclarer uniformément, à l'audience de 1869, *qu'après vêpres*, le 26 octobre 1861, ils ont vu et reconnu l'accusé sortir du bois où a été trouvé le corps de la victime ; qu'ils l'ont vu laver avec soin ses mains sanglantes dans le ruisseau qui borde ce bois, le nombre des dépositions, leur concordance, l'accent convaincu avec lequel elles seront faites, tout se réunira pour rendre inévitable la condamnation d'un innocent. A huit années de distance, il n'est pas facile de retrouver un vieil almanach ; mais qu'on applique les procédés de notre *Vérificateur des Dates*, on prouvera irréfutablement la fausseté des témoignages accablants produits contre l'accusé, en faisant cette opération courte et infaillible :

	Quantième,	26
A	octobre	0
B	18	4
C	61	4
	Total,	34
D	Résultat,	samedi.

Or, il n'y a *pas de vêpres le samedi ;* donc les témoins auront menti.

Que, dans un faux acte de l'état civil, un jour de la semaine ait été mentionné, il suffira, pour rendre très douteuse l'authenticité de la pièce apocryphe, de démontrer l'incompatibilité du quantième indiqué et du jour spécifié de la semaine. On mettra ainsi en défiance ceux dont les droits ou les intérêts sont compromis par la production de cette pièce.

Le petit Grégorien.

Ce n'est pas sans utilité que j'ai expliqué plus haut, page 9, la signification des mots calendrier *julien*, calendrier *grégorien*. J'ai voulu, par cette explication, rendre impossible, à l'avenir, la naïveté qu'on va lire et qu'Emile Chevé, le plus véridique des hommes, a plus d'une fois racontée devant moi.

Un de ses amis, médecin de la marine alors royale, fut forcé de partir de Brest, où il laissait sa femme dans une *position intéressante*. Quelque temps après son départ, il reçut d'elle une lettre qui le priait de lui indiquer un nom de baptême pour l'enfant à naître.

Le mari l'invita à se charger de ce soin et à *chercher dans le calendrier grégorien*. La campagne fut longue. Quand il revint au port d'embarquement, sa femme n'eut rien de plus pressé que de lui présenter un gros garçon bien joufflu et bien rose, en lui disant :

— N'est-ce pas qu'il est gentil, notre petit Grégorien ?

— Comment as-tu dit ?

— J'ai dit Grégorien.

— Où diable as-tu été pêcher ce nom baroque ?

— Mais dans ta lettre, mon ami.

— Voilà qui est trop fort, je n'ai rien pu écrire de semblable.

— Je t'assure que si. Ne m'as-tu pas écrit : *cherche dans le calendrier Grégorien ?*

— Eh bien ! qu'est-ce que cela fait ?

— Cela fait que j'ai lu avec la plus grande attention le calendrier, et que, n'ayant pas trouvé un *Grégorien* parmi les *saints* dont il donne la liste, j'ai pensé que nous avions un mauvais almanach et que tu en connaissais un meilleur, où est mentionnée la *saint Grégorien*. J'ai voulu te faire plaisir en donnant au petit le nom que tu désirais.

L'excellente mère de famille avait lu comme si son mari avait écrit, *avec les deux points* qui précèdent d'ordinaire les spécifications : « cherche, *dans le calendrier* : Grégorien. »

Avait-il oublié les *deux points* superposés ? Ou bien sa femme n'y avait-elle pas pris garde ?

Heureusement pour elle, Dieu ne lui avait pas envoyé une fille.

Quelle n'aurait pas été sa perplexité ?

La petite aurait-elle été appelée *Grégorienne ?*

SOLUTION DES PROBLÈMES DONNÉS A RÉSOUDRE (page 13).

A. 18 janvier 15-95 : MERCREDI.
B. 19 janvier 16-60 : LUNDI.
C. 10 février 14-30 : VENDREDI.
D. 12 février 17-12 : VENDREDI.
E. (1) 20 mars 17-27 : JEUDI (pour la France).
F. 16 mars 17-92 : VENDREDI.
G. 21 avril 16-99 : MARDI.
H. 9 avril 18-04 : LUNDI.
I. 20 mai 13-47 : DIMANCHE.
J. 23 mai 14-80 : MARDI.
K. (2) 5 juin 17-18 : DIMANCHE (pour la France).
L. 8 juin 6-32 : LUNDI.
M. 10 juillet 15-47 : DIMANCHE.
N. 12 juillet 17-04 : SAMEDI.
O. 15 août 17-85 : LUNDI.
P. 16 août 12-84 : MERCREDI.
Q. 14 septembre 13-21 : LUNDI.
R. 13 septembre 15-92 : DIMANCHE.
S. 17 octobre 17-57 : LUNDI.
T. 12 octobre 14-92 : VENDREDI.
U. 30 novembre 16-71 : LUNDI.
V. 29 novembre 17-80 : MERCREDI.
X. (3) 11 décembre 17-18 : DIMANCHE (pour la France).

Y. 20 décembre 11-92 : DIMANCHE.
Z. 1 juin 16-00 : JEUDI.
AA. (4) 28 octobre 17-00 : JEUDI (pʳ la France).
AB. 14 juin 1800 : SAMEDI.
AC. 15 août 1769 : MARDI.
AD. 24 juin 1859 : VENDREDI.
AE. 25 juillet 1799 : JEUDI.
AF. 13 mai 1619 : LUNDI.
AG. 19 novembre 1657 : SAMEDI.
AH. 11 février 1650 : VENDREDI.
AI. 21 juillet 1315 : LUNDI.
AJ. 26 juin 1794 : JEUDI.
AK. 23 décembre 1588 : VENDREDI.
AL. 13 décembre 1553 : MERCREDI.
AM. 30 mai 1431 : MERCREDI.
AN. 9 mai 1766 : VENDREDI
AO. 26 mai 1755 : LUNDI.
AP. 21 juin 1667 : MARDI.
AQ. 19 août 1662 : SAMEDI.
AR. 27 mai 1610 : JEUDI.
AS. 12 avril 1527 : VENDREDI.
AT. 5 août 1667 : VENDREDI.
AU. 11 avril 1713 : MARDI.
AV. 30 mars 1282 : LUNDI.
AX. 6 juillet 1809 : JEUDI.

---

(1) En France, le 20 mars 1727 est tombé un jeudi ; mais en Angleterre, jusqu'en 1752, il faut compter comme encore aujourd'hui en Russie, et regarder le *siècle* comme diminué de 7, c'est-à-dire comme *siècle* 10, ce qui donne :

Quantième,		20
A	mars	3
B	17 moins 7, ou 10	3
C	27	3
	Total,	29

D Résultat, *lundi* (pʳ l'Angleterre).

(2) En Russie, où le calendrier grégorien n'est pas encore adopté, le *siècle* 17 est regardé comme 17 moins 7, c'est-à-dire *siècle* 10, ce qui donne :

Quantième.		5
A	juin	4
B	17 moins 7, ou 10	3
C		6
	Total,	18

D Résultat, *jeudi* (pour la Russie).

(3) En Suède, où le calendrier grégorien n'a été adopté qu'en 1753, le *siècle* 17 doit être regardé comme 17 moins 7, ou comme 10, ce qui donne :

Quantième,		11
A	décembre	5
B	17 moins 7, ou 10	3
C	18	6
	Total,	25

D Résultat, *jeudi* (pour la Suède).

(4) En Suède, où le calendrier grégorien n'a été adopté qu'en 1753, et en Russie, où il ne l'est pas encore, le *siècle* 17 doit être regardé comme 17 moins 7, ou comme 10, ce qui donne, l'année 1700 ayant été bissextile dans ces deux pays, et non en France :

Quantième,		28
A	octobre	0
B	17	3
C	00	4
Bissextile, après février		1
	Total,	36

D Résultat, *lundi* (pour la Suède et la Russie).

FIN

Paris. — Typog. Alcan-Lévy, Boulevard de Clichy, 62.